COCINA PARA CADA DÍA:
FÁCIL, RÁPIDA Y SANA

COCINA PARA CADA DÍA:
FÁCIL, RÁPIDA Y SANA

COCINA PARA CADA DÍA: FÁCIL, RÁPIDA Y SANA

Recetas: Selección Sergio Fernández / Redacción Eva Mimbrero
Diseño de cubierta: Francesc Sala
Foto de cubierta: Alfredo Garofano
Diseño y maquetación: Tana Latorre
Fotos: Archivo RBA, Shutterstock, Gtresonline

Depósito Legal: B-19516-2013
ISBN: 9788490560600
Impreso en España por Rotäbook
Printed in Spain

Di adiós a la monotonía

Estimados lectores:

Cada día, al encender los fogones, me gusta hacerme una sencilla pregunta, que evoca sabores, texturas y recuerdos: **"¿Hoy, qué voy a cocinar?".**

Estoy seguro que a ti también te sucede lo mismo, y más cuando uno tiene la responsabilidad de elaborar un plato a diario para la familia. La respuesta no siempre es fácil: "ya no sé qué cocinar", "siempre preparo A, B y C", "estoy aburrido de hacer los lunes lentejas, los martes arroz...". Y así, un largo etcétera de alegatos a la monotonía.

Creo y estoy convencido de que podemos y debemos convertir la cocina en un lugar de placer y saltarnos algunas rígidas normas que solo nosotros ponemos. Muchas veces un plato tradicional, incluso repetitivo, puede cambiar por completo con solo añadir un ingrediente o modificar la técnica de cocinado.

Por este motivo, permíteme que entre en tu cocina con un puñado de recetas donde la salud, la economía y la sencillez van de la mano, y por supuesto, teniendo en cuenta:

La búsqueda de alimentos básicos que no pueden faltar en nuestra dieta.

La combinación de ingredientes que cuiden de nosotros, buscando un equilibrio entre nutrientes esenciales y técnicas de cocinado saludables sin renunciar al sabor.

Las elaboraciones fáciles, rápidas y divertidas, llegando a la mesa con una presentación exquisita y cuidando aspectos como la textura y el colorido.

Con el libro "Cocina para cada día" conseguirás saborear no solo los platos, sino todo lo que conlleva su realización y degustación. Desde la sabrosa minestrone de alubias (donde los productos de la huerta tienen un papel importante), pasando por la carne en brocheta tricolor, para terminar disfrutando de un exquisito postre: las cantidades justas y un cuidadoso cocinado deleitarán el paladar de los más exigentes.

Sin más preámbulos, no dejemos que se enfríe la comida... o la cena. A disfrutar y buen provecho a todos.

Sergio Fernández Luque

Disfruta de la cocina más sana

La textura, sabor y propiedades nutricionales de los platos dependen, en gran medida, de la calidad de sus ingredientes. Consérvala al máximo comprando y almacenando los productos de forma adecuada

Seguramente algunos de tus mejores recuerdos transcurren tras manteles, copas y platos. No es de extrañar porque, como país de gran tradición culinaria, en España nos encanta reunirnos en torno a una buena mesa. Pero no te confundas, no hace falta una reunión familiar o de amigos para disfrutar de la cocina: también puedes degustar platos exquisitos, sanos y equilibrados en tu día a día, como los que te mostramos en esta selección de recetas. Verás que son muy sencillas de preparar y la mayoría de ellas te llevarán poco tiempo.

CÓMO HACER UNA BUENA COMPRA

La manera en la que compras puede contribuir a que los ingredientes que utilizas en tus recetas conserven al máximo sus nutrientes y sabor. Tanto si vas al supermercado como si prefieres comprar en tiendas especializadas, toma nota de cómo preservar la calidad de los alimentos al máximo:

- **Planifica tus menús.** Saber lo que vas a comer durante la semana te ayudará a elaborar una lista de la compra más ajustada a lo que realmente necesitas. En cambio, si acudes al supermercado o a la tienda sin un listado e improvisas tus compras, tienes más opciones de que lo que has adquirido acabe "olvidado" en la nevera o la despensa.
- **Primero, los envases.** Una vez en el comercio tu carrito se debe llenar, inicialmente, con los productos envasados y que no necesiten frío (por ejemplo las conservas, las bebidas, la pasta seca, las legumbres, los cereales de desayuno...). Comprueba, también, que las latas de conserva no estén abolladas o con la tapa hinchada, porque esto suele ser signo de que el producto está en mal estado.

Sabías que...

Siete de cada diez europeos reconocen que solo tienen tiempo para hacer la compra una vez a la semana, según datos de una encuesta. De media, invitamos a amigos a casa al menos dos veces al mes.

¿Cuánto tiempo se mantienen en buen estado?

La refrigeración hace más lento el deterioro de los alimentos, pero no lo detiene. La Sociedad Española de Nutrición Comunitaria (SENC) recomienda respetar los siguientes tiempos de conservación para consumir alimentos con la calidad y propiedades nutritivas adecuadas.
Pescado. Debe estar en la nevera, como máximo, un día, al igual que la carne picada.
Carne cruda. Dura un poco más. En concreto, de dos a tres días según la SENC.
Verdura. Aguanta en la nevera hasta cinco días, lo mismo que las conservas abiertas.
Huevos. Refrigerados, se mantienen en perfecto estado hasta tres semanas.

- **Luego, los perecederos.** Acude a continuación al lineal de los productos frescos (carnes, pescados, frutas, verduras...) o que necesitan frío para conservarse mejor (como los yogures o el queso fresco, por ejemplo). Ponlos juntos en el carro para que conserven mejor su temperatura, aunque los perecederos deben estar separados con bolsas de plástico: así evitarás una posible contaminación cruzada entre la carne, el pescado y los vegetales. Si los productos tienen fecha de caducidad o de consumo preferente, fíjate bien y no cojas, por norma, el que esté más a la vista: normalmente son los que caducan antes.
- **Los congelados, al final.** Deben ser lo último que adquieras, para evitar romper la cadena de frío. Elige los que estén más compactos y duros al tacto. Si el establecimiento está en el barrio, no hace mucho calor y vas a ir directamente a casa no es necesario que utilices una bolsa isotérmica. Llévatela, eso sí, si la temperatura exterior supera los 25°C o vas a tardar más de una hora en llegar a casa.

ORDEN, TAMBIÉN EN LA NEVERA

Una vez en tu hogar, lo primero que debes hacer es almacenarlo todo correctamente. Si conoces dónde y cómo guardar los alimentos estarás contribuyendo a que se conserven en perfecto estado el mayor tiempo posible.

- **Máxima higiene.** Lávate las manos cuidadosamente con agua tibia y jabón antes de empezar a manipular los productos, y repite la operación por

Sabías que...

Más vegetales y menos carne (excepto la de pollo) es lo que compramos últimamente en España, según un informe de la Organización de Consumidores y Usuarios que ha analizado datos del Centro de Investigaciones Sociológicas (CIS) y del Instituto Nacional de Estadística (INE). También comemos menos pescado fresco que antes y más congelado y en conserva.

tipo de alimentos (sobre todo con la carne, el pescado y los vegetales). Así evitarás que los microorganismos que pueden estar presentes en tus manos pasen a los futuros ingredientes de tus recetas.

- **Congelados.** Lo primero que debes guardar son los productos congelados. Ponlos debajo de los que ya tienes para consumir antes los que llevan más tiempo en el congelador.
- **Carnes y pescados.** A continuación, separa y embolsa los productos frescos (primero la carne y luego el pescado), indicando en la bolsa la fecha y, en caso de que los congeles, también el producto. Si los vas a guardar en la nevera, pon un plato debajo (o usa una fiambrera sin tapa) para evitar que el posible goteo de sus jugos entre en contacto con los estantes del frigorífico y el resto de alimentos. Colócalos en la parte baja de la nevera, la zona más fría del electrodoméstico.
- **Lácteos frescos y fiambres.** Reserva para ellos los estantes centrales de la nevera.
- **Frutas y verduras.** Los cajones de la parte inferior son el lugar ideal si quieres guardarlas en frío. Coloca la fruta en bolsas de plástico agujereadas para evitar el contacto directo entre ellas. Algunas, como el plátano o la manzana, pueden hacer madurar más rápidamente al resto de frutas.

Sopas y cremas, suaves y ligeras

Los platos de cuchara son un clásico de la cocina tradicional que no deja de reinventarse, gracias a la variedad de ingredientes que admiten. Atrévete con nuevas mezclas y tus menús ganarán en nutrientes y sabor

Nos hacen entrar en calor en invierno y nos refrescan en verano, son saciantes, reconfortantes, nutritivas y bajas en calorías. ¿Te damos más razones para incluirlas en tus menús? Las sopas y cremas son muy versátiles, fáciles de digerir y nos ayudan a mantener el organismo hidratado.

Como ves, los beneficios de este tipo de platos son muchos, y el secreto para sumar virtudes está en elegir los ingredientes y condimentos apropiados para elaborarlos.

VITAMINAS Y MINERALES "A SORBOS"

Si los ingredientes estrella de tus sopas y cremas son las verduras, las hortalizas y, por qué no, las frutas (atrévete, por ejemplo, con un gazpacho de tomate y sandía), conseguirás un primer plato rico en vitaminas y minerales de efecto antioxidante, que te ayudará a mantenerte joven por más tiempo. Así, los vegetales deben ser la base, pero no te limites solo a ellos: la mezcla de ingredientes muy distintos entre sí es, precisamente, una de las características principales de los platos de cuchara.

POTENCIA SUS PROPIEDADES

En función de los alimentos que elijas para cocinar tus sopas y purés conseguirás que el plato sea:

- **Muy completo.** Si a los vegetales añades un poco de carne, o bien combinas arroz y pasta con legumbres, obtendrás un saciante plato único ideal para los meses más fríos del año.
- **Más depurativo.** Combina verduras y hortalizas como la cebolla, el puerro, el espárrago o los vegetales de hoja verde y elaborarás un caldo o un puré que te ayudará a eliminar líquidos.

sabías que...

La Fundación Dieta Mediterránea recomienda tomarlas como mínimo cuatro veces a la semana. Y por su fácil digestión la Sociedad Española de Nutrición Comunitaria las aconseja como primer plato en las cenas.

La receta

Sopa de pepino **con gambas crujientes**

Pela los pepinos y trocéalos. Tritúralos con los yogures naturales, cebollino, el ajo pelado y picado, sal y pimienta. Añade agua hasta conseguir una textura líquida y reserva.

Retira las cabezas de las gambas y pélalas. Dóralas en la plancha por ambos lados con un poco de aceite. Sácalas y colócalas sobre una rejilla para eliminar el exceso de grasa.

Sirve la sopa de pepino bien fría y reparte sobre ella las gambas. Decora con un poco de cebollino cortado finamente y espolvorea con una pizca de curry.

INGREDIENTES

- 2 yogures naturales
- 3 pepinos
- Cebollino
- 250 g de gambas
- Aceite de oliva
- Ajo
- Curry
- Sal
- Pimienta

Tiempo: 20 minutos
Raciones: 4
Dificultad: Baja
Nivel calórico: 255 kcal

El truco

Si quieres obtener una sopa de pepino todavía más refrescante, sustituye el cebollino por menta, las gambas por salmón ahumado y el curry por eneldo.

La receta

Sopa fría de tomate **con albahaca y picadillo**

Pela los tomates, trocéalos y pásalos por la batidora. Incorpora a continuación el ajo pelado y picado, 1 vasito de aceite, el vinagre, la sal y la pimienta, hasta obtener una crema fina. Resérvala en la nevera.

Cuece el huevo en un cazo con agua salada 10 minutos. Refréscalo en agua fría, pélalo y pícalo. Lava los pimientos, límpialos y córtalos en daditos. Lava la albahaca, sécala con papel de cocina, reserva unas hojitas para decorar y pica el resto. Escurre las aceitunas y pícalas también.

Reparte la sopa bien fría en 4 cuencos. Mezcla los ingredientes picados y añádelos. Decora con las hojas de albahaca reservadas, riega con un hilito de aceite y sirve.

INGREDIENTES

- 1 kg de tomates maduros
- 12 hojas de albahaca
- 1 huevo
- 1 diente de ajo
- 16 aceitunas negras deshuesadas
- 1/4 de pimiento rojo
- 1/4 de pimiento verde
- 6 cucharadas de vinagre balsámico
- Aceite de oliva
- Sal
- Pimienta

Tiempo: 20 minutos
Raciones: 4 personas
Dificultad: Baja
Nivel calórico: 185 kcal

El truco

Para pelar los tomates con facilidad, hazles cortes en forma de cruz en la base y escáldalos 2 minutos en agua.

La receta

Puré diurético **con pollo al curry**

Retira la primera capa de piel del puerro y corta el extremo más verde y duro. Quita las hojas del tallo de apio y pela el nabo. A continuación trocea los vegetales en rodajitas, sumérgelos en agua fría y escurre bien.

Calienta dos cucharadas de aceite en una sartén, vierte las hortalizas y póchalas a fuego lento hasta que tomen un color dorado, sin que lleguen a quemarse.

Incorpora la pechuga de pollo cortada en dados medianos y las patatas peladas y laminadas finamente. Cocina a fuego medio durante 10 minutos.

Añade el caldo de ave y sigue cociendo hasta que la patata esté bien tierna. Tritúralo todo junto con la nata y el curry en polvo y sirve con unas hojitas de perejil y unos trocitos de pollo previamente reservados.

INGREDIENTES

- 1 pechuga de pollo
- 1/2 litro de caldo de ave
- 1 puerro
- 1 tallo de apio
- 1 nabo
- 2 patatas
- 1/2 vaso de nata ligera
- 1 cucharadita de curry en polvo
- Perejil fresco
- Aceite de oliva

Tiempo: 30 minutos
Raciones: 4 personas
Dificultad: Baja
Nivel calórico: 180 kcal

El truco

El secreto para que la crema quede finísima y muy agradable al paladar consiste en batirla un buen rato y pasarla por un colador chino.

La receta

Minestrone **de alubias**

Pela el tomate, la zanahoria y las patatas. Despunta las judías verdes y córtalo todo en cuadraditos.

Lava el puerro, retira los filamentos de la base, las hojas exteriores y la parte superior más verde. Pícalo finamente. Pela y pica también el ajo. Lava la coliflor y sepárala en ramitos.

Rehoga el puerro a fuego lento 5 minutos. Añade el ajo y el tomate y cocina 5 minutos más. Después agrega las patatas, la zanahoria y las judías verdes y cuece otro minuto.

Incorpora las alubias, la coliflor, los guisantes y los fideos. Salpimienta, cubre con un litro y medio de agua, lleva a ebullición y, cuando empiece a hervir, mantén al fuego 5 minutos. Sirve bien caliente.

INGREDIENTES

- 100 g de alubias cocidas blancas y rojas
- 75 g de judías verdes
- 35 g de guisantes
- 1 zanahoria
- 1 tomate
- 2 patatas
- 1/2 coliflor pequeña
- 1/2 puerro
- 1 diente de ajo
- 60 g de fideos de cabello de ángel
- 2 cucharadas de aceite de oliva
- Sal y pimienta

Tiempo: 60 minutos
Raciones: 4 personas
Dificultad: Baja
Nivel calórico: 345 kcal

El truco

Puedes enriquecer esta receta con cualquier legumbre, arroz, pasta de sopa o verduritas de temporada.

La receta

Sopa de marisco **al aroma de azafrán**

Pela las gambas y hierve sus cabezas con agua y sal durante 20 minutos. Reserva el caldo resultante. Luego, sofríe en una olla baja con aceite el apio pelado y troceado.

Agrega el puerro lavado y picado finamente y el tomillo. Incorpora después las anillas de calamar cortadas en dados y los tomates pelados y triturados.

Añade las almejas, el rape, las gambas y el azafrán molido. Cubre con el caldo de las gambas que has reservado, sazona y reparte el arroz. Deja cocer 10 minutos y sirve caliente, decorado con un poco de perejil picado.

INGREDIENTES

- 1 puerro
- 1 rama de apio
- 3 tomates
- 100 g de rape
- 200 g de almejas
- 200 g de gambas
- 150 g de anillas de calamar
- Tomillo
- Perejil fresco
- 2 tazas de arroz
- Azafrán
- Aceite de oliva y sal

Tiempo: 35 minutos
Raciones: 4 personas
Dificultad: Media
Nivel calórico: 301 kcal

El truco

Para evitar que el arroz quede demasiado pasado puedes cocerlo aparte, refrescarlo e introducirlo en la sopa justo cuando la vayas a servir.

La receta

Puré de coliflor **con huevo**

Retira la primera capa, las raíces y la parte verde del puerro. Lávalo bien bajo el grifo y córtalo en rodajas. A continuación lava también la coliflor y sepárala en ramilletes pequeños. Pela la patata y trocéala.

Calienta la mantequilla en una olla y pocha el puerro a fuego lento durante 5 minutos. Añade la patata y la coliflor, cubre con agua y salpimienta.

Sube el fuego y cuece hasta que las verduras estén bien tiernas. Tritúralo todo con la batidora hasta obtener un puré bien fino y reserva esta crema.

Casca los huevos y separa con mucho cuidado las yemas de las claras. Bate estas últimas y fríelas en un poco de aceite hasta que queden crujientes.

Vierte la crema en boles. Coloca encima una yema cruda, decora con el crujiente de clara y espolvorea cebollino picado.

INGREDIENTES

- 4 huevos
- 1 coliflor
- 1 patata
- 1 puerro
- 20 g de mantequilla ligera
- 4 cucharadas de aceite de oliva
- Cebollino
- Sal
- Pimienta molida

Tiempo: 40 minutos
Raciones: 4 personas
Dificultad: Media
Nivel calórico: 270 kcal

El truco

Para que la crema gane sabor sin sumar calorías, añádele unas puntas de espárragos doradas en un poco de aceite.

La receta

Crema de calabaza **a la miel con algas**

Limpia el puerro, pícalo finamente y sofríelo en una olla con la mantequilla. Pela la calabaza y las patatas, córtalas en dados y agrégalas al recipiente.

Mantén a fuego medio durante 5 minutos. Cubre con agua, sazona y cuece hasta que las patatas estén tiernas. Tritura la crema e incorpora la miel y el queso. Mezcla y reserva.

Remoja las algas y escúrrelas, saltéalas con un poco de aceite y el ajo laminado. Sirve la crema bien caliente y, sobre ella, dispón las algas salteadas.

INGREDIENTES

- 500 g de calabaza
- 1 puerro
- 3 patatas
- Una cucharada de mantequilla
- 50 g de queso cremoso
- 1 cucharada de miel
- 70 g de algas
- 1 diente de ajo
- Aceite de oliva
- Sal

Tiempo: 45 minutos
Raciones: 4 personas
Dificultad: Media
Nivel calórico: 367 kcal

El truco

Si no quieres que la crema esté demasiada dulzona, sustituye el agua de cocción por caldo de verduras y agrega solo media cucharada de miel.

La receta

Crema con judías verdes, **guisantes y jamón**

Lava y corta las judías. Retira las puntas y las hebras laterales y trocea en pequeñas porciones. A continuación, pasa los guisantes por agua y reserva.

Rehoga las verduras. Primero las chalotas peladas y picadas, luego las judías y los guisantes y, a continuación, las patatas peladas y cortadas y la menta fresca. Cubre con el caldo de ave, salpimienta y cuece 40 minutos.

Tritura muy bien la crema. Puedes ayudarte con un pasapurés para que no queden grumos. Incorpora el jamón y el queso en dados y adorna con unas hojas de menta.

INGREDIENTES

- 400 g de guisantes
- 500 g de judías verdes
- 4 patatas
- 4 chalotas
- Tacos de jamón serrano
- Menta
- 30 g de queso fresco
- 1 l de caldo de ave
- Aceite, sal y pimienta

Tiempo: 1 hora
Raciones: 4 personas
Dificultad: Baja
Nivel calórico: 345 kcal

El truco

Esta crema es una manera mucho más atractiva de presentar los populares guisantes con jamón, sobre todo para los más pequeños de la casa.

Vegetales, siempre en tus platos

Son ricos en fibra, minerales y vitaminas y, gracias a ellos, las recetas ganan en vistosidad y textura. Puedes prepararlos en ensalada, al vapor, en puré y utilizarlos también como ingrediente de pasteles y flanes salados

Los vegetales son un verdadero tesoro para la salud, por eso cada día cobran más importancia en las cartas de los restaurantes y también en nuestra mesa. Los naranjas, amarillos, verdes y lilas de las verduras y hortalizas, que antes ocupaban un segundo plano como acompañamiento de carnes y pescados, son ahora los protagonistas, transformando los platos en una explosión de color y texturas de lo más apetecible.

A CADA COLOR, UNA VIRTUD

Los colores de los alimentos no solo aportan vistosidad a tus recetas, detrás de cada uno de ellos se esconden también interesantes propiedades saludables.

Los fitoquímicos son los compuestos encargados de que, por ejemplo, una zanahoria sea naranja y una berenjena morada. Pero estas sustancias antioxidantes proporcionan mucho más que tonalidad. De hecho se han llegado a establecer, incluso, diferentes atributos según el color de los vegetales.

- **Blanco.** Alimentos como el ajo, la cebolla y la coliflor son ricos en alicina, una sustancia que refuerza nuestras defensas. También contienen potasio, un mineral que ayuda a reducir la tensión arterial.
- **Amarillo o naranja.** La riqueza en carotenoides de zanahorias y calabazas nos dota de una protección extra contra los efectos dañinos de los rayos solares.
- **Rojo o morado.** Destaca su alto contenido en flavonoides y licopeno, dos compuestos con un claro efecto cardioprotector según varios estudios. Incluye en tus platos pimiento rojo, berenjenas, remolacha...
- **Verde.** Las espinacas, las judías verdes o el brócoli son ricos en luteína, una sustancia muy importante para la salud de nuestros ojos.

Sabías que...

Toma una ensalada a diario. De las dos raciones mínimas de verduras y hortalizas que se recomiendan al día, una de ellas debe ser en crudo. De esta forma se aprovechan mucho mejor sus vitaminas.

La receta

Ensalada bicolor **con piñones y cebollino**

Lava bien los champiñones y córtalos en cuartos o laminados. Colócalos en un bol amplio y agrega un chorrito de aceite, vinagre y pimienta. Deja macerar 12 minutos.

Trocea el brócoli en ramilletes y cuécelo al vapor durante 10 minutos. Una vez cocido, enfríalo en agua para aumentar así su intenso color verde.

Reparte las espinacas troceadas sobre una ensaladera. Añade el brócoli, los champiñones y el ajo picado. Espolvorea los piñones, el cebollino picado y el queso en escamas.

INGREDIENTES

- 250 g de brócoli
- 250 g de champiñones
- 250 g de espinacas
- 3 dientes de ajo
- 30 g de queso semicurado bajo en sal
- Cebollino
- Piñones
- Aceite de oliva
- Vinagre
- Sal y pimienta

Tiempo: 20 minutos
Raciones: 4 personas
Dificultad: Baja
Nivel calórico: 210 kcal

El truco

Para darle un toque crujiente al plato puedes tostar los piñones. Cuando lo hagas no dejes de removerlos con una cuchara de madera para evitar que se quemen.

La receta

Cóctel de endibias, **gambitas y piña**

Deshoja las endibias y lávalas suavemente bajo el grifo. Déjalas escurrir en un colador. Pela las naranjas, separa los gajos y quita con cuidado la piel blanca.

Pela la piña y córtala en dados pequeños. Tritura la mitad con las hojas de menta, un chorrito de aceite y vinagre y una pizca de sal y azúcar hasta obtener una vinagreta espesa.

Saltea las gambas con los ajos picados. Trocea la endibia en juliana y repártela en boles. Añade las gambas, la piña troceada, la naranja y las nueces. Salsea con la vinagreta y sirve.

INGREDIENTES

- 1/2 piña fresca
- 2 naranjas
- 4 endibias
- 400 g de gambas sin piel
- 1 rama de menta fresca
- 2 dientes de ajo
- Un puñadito de nueces
- Azúcar
- Aceite de oliva
- Vinagre
- Sal

Tiempo: 30 minutos
Raciones: 4 personas
Dificultad: Baja
Nivel calórico: 290 kcal

El truco

Mezcla la piña con el marisco en el último momento. Esta fruta tiene una enzima que altera las proteínas y le daría una textura desagradable a las gambas.

La receta

Ensalada de atún **con salsa de soja**

Lava bien la lechuga y déjala escurrir. Corta las cebollas y los pimientos en dados. Mézclalo todo con dos cucharadas de salsa de soja, dos de aceite y pimienta.

Corta el atún en cuatro tiras alargadas y cocínalo en una plancha con aceite solo un minuto por cada lado. Retíralo, córtalo en láminas finas y repártelo en los platos de servicio.

Agrega la lechuga, la cebolla y el pimiento y aliña de nuevo con un chorrito de aceite y vinagre. Condimenta el atún con el sésamo negro y sirve.

INGREDIENTES

- 250 g de atún (previamente congelado)
- 150 g de brotes tiernos de lechuga
- 1/2 pimiento rojo y 1/2 verde
- 2 cebollas
- Salsa de soja
- Vinagre balsámico
- Sésamo negro
- Aceite de oliva
- Pimienta

Tiempo: 20 minutos
Raciones: 4 personas
Dificultad: Baja
Nivel calórico: 219 kcal

El truco

Para que el atún quede más sabroso déjalo un poco crudo por dentro y, además de condimentarlo con sésamo, adereza con escamas de sal y zumo de lima.

La receta

Flan de piquillos **al aroma de hinojo**

Limpia el puerro y pícalo finamente. Rehógalo a fuego medio con un poco de aceite hasta que quede tierno sin que llegue a tomar color. Agrega los pimientos troceados y reserva.

Bate los huevos con la nata ligera y la leche desnatada. Incorpóralos al sofrito, salpimienta y tritura con la batidora hasta obtener una masa bien fina y homogénea.

Rellena moldes tipo flan con esta masa y hornea al baño María a 170° C durante 20 minutos. Desmolda los flanes y sirve acompañados con una ramita de hinojo.

INGREDIENTES

- 1 lata de pimientos del piquillo asados
- 1 puerro
- 4 huevos
- 1 vaso de nata ligera
- 1 vaso de leche desnatada
- Hinojo
- Aceite de oliva
- Sal
- Pimienta

Tiempo: 50 minutos
Raciones: 4 personas
Dificultad: Media
Nivel calórico: 380 kcal

El truco

Si quieres que los flanes queden en su punto recuerda que el horno no debe superar los 190° C. De lo contrario se quemarán por fuera y quedarán crudos por dentro.

La receta

Tomates al gratén **con mozzarella**

Lava los tomates y córtalos en rodajas. A continuación escurre bien la mozzarella y trocéala también en rodajas.

Pica la cebolla muy fina y colócala en un cuenco. Corta las anchoas en tiras y añádelas a la cebolla junto con las alcaparras, el orégano y el pan rallado. Mezcla bien.

Unta con aceite una fuente de horno y coloca las rodajas de tomate y mozzarella intercaladas. Agrega por encima la mezcla anterior y gratina hasta que se funda el queso.

INGREDIENTES

- 4 tomates grandes
- 2 bolas de mozzarella de búfala
- 4 filetes de anchoas
- 1/2 cebolla
- 1 cucharada de alcaparras
- 1 cucharada de orégano
- 1 cucharada de pan rallado
- Aceite de oliva

Tiempo: 25 minutos
Raciones: 4 personas
Dificultad: Baja
Nivel calórico: 210 kcal

El truco

Si quieres restar calorías al plato, en lugar de prepararlo con mozzarella de búfala hazlo con una elaborada con leche de vaca, que es más baja en grasa.

La receta

Pastel de verduras **y patatas gratinadas**

Pela las patatas, pártelas y cuécelas durante 15 minutos. Pásalas por el pasapurés, mézclalas con los huevos batidos, salpimienta y reserva. Aparte, pica las cebollas y rehógalas.

Añade los ajos picados y cuece 2 minutos más. Incorpora las espinacas, los piñones y el tomate frito. Cuece 5 minutos y salpimienta. Extiende la mitad del puré en una fuente.

Cubre con las espinacas y termina con otra capa de puré y el queso rallado. Hornea a 200° C unos 25 minutos. Corta en porciones y sirve. Decora con tomate y espinacas frescas.

INGREDIENTES

- 1 kilo de patatas
- 1 manojo de espinacas tiernas
- 2 cebollas
- 2 ajos
- 2 huevos
- 40 ml de tomate frito
- 2 cucharadas de piñones
- 100 g de queso rallado
- Aceite de oliva
- Sal
- Pimienta

Tiempo: 45 minutos
Raciones: 4 personas
Dificultad: Media
Nivel calórico: 411 kcal

El truco

Puedes comer este pastel tanto en frío como en caliente. Si lo sirves caliente, riégalo con una salsa de tomate suave para que quede más jugoso.

La receta

Rulo de berenjena **con un toque de queso**

Pela la cebolla y córtala en dados pequeños junto con el pimiento. Saltea en una sartén con un poco de aceite hasta que los vegetales estén tiernos.

Agrega el calabacín también a dados y sin pelar y el perejil picado. Salpimienta y mantén a fuego medio durante 15 minutos. Retira del fuego y mezcla con el queso de untar.

Corta las berenjenas a lo largo en lonchas finas. Dóralas en la plancha por ambos lados. Dispón sobre cada loncha una cucharada de verduras con queso, enrolla y sirve templado.

INGREDIENTES

- 2 berenjenas
- 1 pimiento rojo
- 1 cebolla
- 1 calabacín
- 150 g de queso de untar
- Perejil
- Aceite de oliva
- Sal
- Pimienta

Tiempo: 45 minutos
Raciones: 4 personas
Dificultad: Baja
Nivel calórico: 309 kcal

El truco

Para que las berenjenas pierdan el amargor que las caracteriza, una vez cortadas espolvorea por encima unos granos de sal y deja reposar unos minutos.

La receta

Fritura ligera **de verduras**

Pela las zanahorias y córtalas en tiras largas. Retira la piel de las cebollas, lava bien los calabacines y trocéalos en rodajas de medio centímetro de ancho. Pela el boniato y córtalo en láminas. Por último, lava la escarola y pártela en trocitos.

Dispón el agua y el huevo en un recipiente y bate bien con la ayuda de un tenedor. Añade poco a poco la harina y adereza con una pizca de sal y pimienta. Vuelve a mezclar suavemente hasta que adquiera la textura de una crema ligera.

Reboza las verduras en la crema que acabas de preparar. Después vierte un poco de aceite de oliva en una sartén y cuando esté bien caliente fríelas.

Una vez fritas, déjalas un par de minutos en una rejilla para que escurran el aceite sobrante y sirve caliente.

INGREDIENTES

- 3 cebollas medianas
- Hojas de escarola
- 2 calabacines
- 1 boniato
- 4 zanahorias
- 1 huevo
- 150 g de harina
- 2 vasos de agua fría
- Aceite de oliva
- Sal
- Pimienta

Tiempo: 20 minutos
Raciones: 4 personas
Dificultad: Baja
Nivel calórico: 311 kcal

El truco

Para que el rebozado de las verduras quede más crujiente es muy importante que el agua esté muy fría, casi helada.

La receta

Salteado bicolor de **espinacas y gambas**

Lava las espinacas con agua abundante y escúrrelas con un colador. Resérvalas. Pela y lamina los ajos y dóralos en una sartén con un poco de aceite.

Cuando tomen color, incorpora las pasas y las cebolletas cortadas finamente. Sofríe todo durante 10 minutos. Añade las gambas peladas y sazona.

Reparte las espinacas sobre el sofrito y saltea a fuego vivo unos 5 minutos más. Por último, riega con el vino y deja que se evapore. Sirve bien caliente.

INGREDIENTES

- 800 gramos de espinacas frescas
- 4 dientes de ajo
- 2 cebolletas
- 300 gramos de gambas
- 20 gramos de uvas pasas
- 1/2 vaso de vino blanco
- Aceite de oliva
- Sal

Tiempo: 30 minutos
Raciones: 4 personas
Dificultad: Baja
Nivel calórico: 288 kcal

El truco

Si quieres dar un toque original a esta receta, prueba a freír las espinacas en aceite caliente después de haberlas secado. Así quedarán crujientes y sabrosas.

Pasta y arroces, sana energía

Los hidratos de carbono proporcionan a nuestro organismo el combustible necesario para que pueda funcionar, y los cereales son su principal fuente. Si los consumes integrales, además, los aprovecharás mucho mejor

La pirámide alimentaria los sitúa en la base de nuestra dieta, pero no consumimos los suficientes según datos de la Encuesta ENIDE, llevada a cabo por la Agencia Española de Seguridad Alimentaria y Nutrición (AESAN). En concreto tomamos, de media, 3,3 raciones de pan, pasta, arroz y otros cereales, cuando lo recomendado es incluir entre 4 y 6 raciones de hidratos de carbono al día.

POR QUÉ SON TAN IMPORTANTES

Durante la digestión, los hidratos de carbono se convierten en glucosa, nuestro principal combustible. Si no tomamos la suficiente el cuerpo se ve obligado a usar otras fuentes, como las grasas.

Algunas dietas de moda utilizan este mecanismo como base para perder peso. Pero no te confundas: una dieta sin hidratos de carbono o con un aporte muy escaso no te conviene si quieres adelgazar. Este tipo de propuestas favorece el efecto yoyó cuando se dejan y, además, provocan un esfuerzo extra en nuestro organismo que, a la larga, aumenta el riesgo de sufrir trastornos de hígado o riñón.

LA VERSIÓN INTEGRAL, MÁS COMPLETA

La glucosa puede liberarse de forma rápida o lenta en función de su índice glucémico (IG).

- Cereales refinados. Tienen un IG alto o, lo que es lo mismo, se digieren muy fácilmente y su azúcar se libera muy rápido.
- Cereales integrales. Su IG es bajo, por lo que la energía se va liberando poco a poco, manteniendo más estables los niveles de glucosa en sangre. Además, son más ricos en vitaminas, minerales y fibra que las versiones refinadas.

Sabías que...

Debes tomar 2 o 3 veces por semana tanto pasta como arroz, según recomienda la Sociedad Española de Nutrición Comunitaria (SENC). Además, aconseja acompañar las comidas con una ración de pan integral.

La receta

Arroz salteado **con pollo al curry**

Cuece los arroces en un mismo recipiente con agua hirviendo, sal y laurel durante 16 minutos aproximadamente. Refresca con agua bien fría y reserva.

Limpia los ajetes, pica finamente y rehoga. Cuando empiecen a tomar color añade el pollo en tiras finas y, pasados unos minutos, riega con un vaso de vino blanco y otro de caldo de ave. Sazona con el curry y el perejil, y cuece.

Saltea el arroz a fuego vivo. Poco a poco añade el preparado de curry. Sirve templado.

INGREDIENTES

- 200 g de arroz largo
- 200 g de arroz salvaje
- 1 manojo de ajetes
- 4 filetes de pechuga de pollo
- Curry
- Vino blanco
- Caldo de ave
- Perejil
- Laurel
- Aceite de oliva
- Sal

Tiempo: 50 minutos
Raciones: 4 personas
Dificultad: Baja
Nivel calórico: 365 kcal

El truco

Si te sobra mucha salsa de curry, congélala y úsala, más adelante, para darle un toque exótico a los platos elaborados con pasta.

La receta

Ensalada de pasta **con brócoli y salmón**

Cuece la pasta en abundante agua con sal y un chorrito de aceite de oliva durante 8 minutos aproximadamente. Una vez cocida, escurre y refresca bajo el agua del grifo.

Dora los ajos picados en una sartén. Cuando tomen color añade la cebolla troceada y el brócoli en ramilletes muy pequeños. Mantén las verduras en el fuego 10 minutos.

Agrega al salteado el salmón sin piel ni espinas cortado en tacos medianos. Mezcla el pescado con la pasta, salpimienta y espolvorea albahaca picada. Sirve caliente.

INGREDIENTES

- 250 g de pasta
- 1 cebolla
- 2 dientes de ajo
- 400 g de brócoli
- 300 g de salmón fresco
- Albahaca
- Aceite de oliva
- Sal
- Pimienta

Tiempo: 30 minutos
Raciones: 4 personas
Dificultad: Baja
Nivel calórico: 310 kcal

El truco

En lugar de salmón puedes preparar esta misma receta con taquitos de jamón serrano desgrasado. No añadirás calorías al plato y el sabor será más intenso.

La receta
Fideos a la marinera **con rape y sepia**

Sofríe 3 dientes de ajo picados y cuando empiecen a dorarse añade la cebolla y el pimiento verde finamente picados y 4 tomates escaldados y triturados.

Pasados unos minutos añade las gambas peladas, el rape cortado en rodajas, la sepia troceada y sal al gusto y mantén a fuego medio hasta que estén tiernos.

Incorpora los fideos gruesos y dos vasos de caldo de pescado hirviendo y cuece hasta que la pasta esté al dente. Deja reposar unos minutos, espolvorea orégano por encima y sirve.

INGREDIENTES

- 150 g de fideos
- 500 g de rape
- 16 gambas
- Sepia
- Cebolla
- Ajos
- Tomate
- Pimiento verde
- Caldo de pescado
- Orégano
- Aceite de oliva y sal

Tiempo: 30 minutos
Raciones: 4 personas
Dificultad: Baja
Nivel calórico: 380 kcal

El truco

Si lo prefieres, puedes sustituir la sepia por almejas o seleccionar fideos más finos y reducir, así, el tiempo de cocción a la mitad.

La receta

Flan de arroz **y espinacas**

Lava las espinacas y escúrrelas. Trocea finamente 3 lonchas de jamón serrano y saltéalo en una sartén con los piñones. Cuando se empiecen a dorar, agrega las espinacas.

Sazona con sal y mantén a fuego medio durante 8 minutos. Añade una cucharada de aceite, las pasas y el arroz y rehoga 3 minutos. Pela y pica la cebolla y añádela.

Hierve el caldo de ave, incorpóralo al arroz y cuece 12 minutos. Engrasa moldes de flan con aceite, dispón capas de espinacas y de arroz. Desmolda, sirve y decora con tomate frito.

INGREDIENTES

- 1 kg de espinacas
- 1 cebolla
- 40 g de piñones y de pasas
- Jamón serrano
- 300 g de arroz
- Caldo de ave
- Aceite de oliva
- Tomate frito
- Sal

Tiempo: 30 minutos
Raciones: 4 personas
Dificultad: Baja
Nivel calórico: 388 kcal

El truco

Si usas espinacas frescas debes eliminar los nervios del tallo antes de rehogarlas. Para lograrlo, sujeta la hoja entre los dedos y estira del tallo.

La receta

Tallarines al pesto con **salteado de setas**

Hierve la pasta con abundante agua, sal, aceite y una hoja de laurel durante 8 minutos. Pasado este tiempo escurre y refresca los tallarines bajo un chorro de agua. Reserva.

Tritura cuatro dientes de ajo, un manojo de perejil, otro de albahaca y una pizca de pimienta con aceite hasta obtener una salsa verde muy aromática y espesa.

Dora las setas en una sartén con aceite y cuando cojan color añade la pasta y la salsa pesto. Saltea todos los ingredientes 5 minutos, vierte el queso por encima y sirve caliente.

INGREDIENTES

- 320 g de tallarines
- 200 g de setas variadas
- 50 g de queso parmesano
- Ajos
- Perejil
- Albahaca
- Laurel
- Aceite de oliva
- Sal
- Pimienta

Tiempo: 25 minutos
Raciones: 4 personas
Dificultad: Baja
Nivel calórico: 450 kcal

El truco

Si no vas a utilizar la pasta justo después de su cocción, refréscala con un poco de agua fría. De lo contrario puede quedar apelmazada en el momento de servir.

La receta

Cuscús con verduras **al aroma de albahaca**

Vierte el cuscús en un bol y sazona con una pizca de pimienta y pimentón. Añádele el caldo hirviendo, remueve, tapa el bol con un paño limpio y deja reposar 6 minutos.

Saltea las verduras cortadas en dados. Añade primero la cebolla y luego el pimiento verde y la zanahoria. Una vez tiernos agrega el calabacín troceado y cuece 8 minutos.

Mezcla los vegetales con el cuscús y los garbanzos y espolvorea orégano y albahaca picada.

INGREDIENTES

- 200 g de cuscús
- 300 g de garbanzos cocidos
- 1 pimiento verde
- 1 cebolla
- 1 zanahoria
- 1 calabacín
- 1/2 litro de caldo de ave
- Orégano y albahaca
- Pimentón rojo
- Aceite de oliva
- Sal y pimienta

Tiempo: 30 minutos
Raciones: 4 personas
Dificultad: Baja
Nivel calórico: 294 kcal

El truco

Si no tienes caldo y utilizas agua para reblandecer el cuscús precocido, añade uno o dos ajos al agua mientras hierve y lograrás que aporte un sabor muy rico.

La receta

Timbal multicolor de **pasta y espinacas**

Hierve los macarrones en agua con sal y aceite hasta que estén al dente. Escúrrelos, refréscalos y reserva.

Saltea dos dientes de ajo y, cuando cojan color, añade las zanahorias, la cebolla y los tomates pelados y cortados. Sazona, cocina unos 12 minutos y tritúralo todo después.

Cuece las espinacas hervidas con la nata, 30 g de queso, sal y pimienta hasta que se reduzca la nata.

Dentro de un molde circular, pon una capa de espinacas, una de pasta y una de tomate. Gratina con un poco de queso por encima, retira del molde y sirve.

INGREDIENTES

- 200 g de macarrones
- 600 g de espinacas
- 6 tomates
- 1/2 cebolla
- 2 zanahorias
- 1/2 vaso de nata líquida
- Queso rallado
- Ajos
- Aceite de oliva
- Sal
- Pimienta

Tiempo: 25 minutos
Raciones: 4 personas
Dificultad: Baja
Nivel calórico: 320 kcal

El truco

Las salsas de tomate caseras que llevan zanahoria no necesitan incorporar azúcar para contrarrestar la acidez del tomate.

La receta

Arroz con alcachofas **y espárragos trigueros**

Pela y pica finamente los ajos y la cebolla. Sofríe primero el ajo en una paella con dos cucharadas de aceite de oliva y, cuando tome color, añade la cebolla.

Lava el calabacín y córtalo en bastoncitos. Limpia las alcachofas dejando solo los corazones y trocéalas en gajos. Corta el pimiento rojo en dados y los espárragos en trocitos.

Agrega todas las verduras al sofrito de ajo y cebolla. Cocina 10 minutos a fuego medio removiendo de vez en cuando.

Una vez pochadas las verduras, añade el arroz, rehoga unos segundos, cubre con el caldo de verduras, sazona con sal y orégano y cuece durante 12 minutos. Deja reposar 5 minutos más, decora con un ramita de perejil y sirve bien caliente.

INGREDIENTES

- 300 g arroz
- 1 cebolla
- 100 g de espárragos trigueros
- 2 alcachofas
- 1/2 pimiento rojo
- 1 calabacín
- 3 dientes de ajo
- Orégano
- 1 litro de caldo de verduras
- Aceite de oliva
- Sal y pimienta

Tiempo: 35 minutos
Raciones: 4 personas
Dificultad: Baja
Nivel calórico: 342 kcal

El truco

Si en el último momento añades unas pipas de girasol o calabaza peladas, le darás un toque crujiente al plato.

Proteínas, no solo en la carne

Los huevos y las legumbres (combinadas con pasta o arroz) son una estupenda fuente de proteínas que permiten reducir nuestra ingesta de carne y seguir una dieta mucho más variada, apetitosa y saludable

Legumbres y huevos tienen una inmerecida mala fama de que engordan más de la cuenta y de que no son saludables. Pero si se cocinan de forma adecuada (en guisos y ensaladas ligeras y usando técnicas de cocción que no aporten una dosis extra de grasas) son alimentos de gran interés nutricional.

LAS LEGUMBRES, RICAS EN FIBRA

Si no comes legumbres para "cuidar tu figura" incorpóralas a tus menús y verás cómo pueden ayudarte, incluso, a perder peso. Su riqueza en fibra produce un efecto saciante que evitará que piques entre horas. El secreto está en aprender a cocinarlas de otra forma, sin acompañamientos excesivamente calóricos como el chorizo o la panceta.

- **Con cereales.** Pastas y arroces completan la proteína de las legumbres y mejoran su calidad.
- **Con verduras y hortalizas.** Las ricas en vitamina C (como el pimiento rojo y el tomate), contribuyen a que el organismo pueda aprovechar mejor el hierro de las legumbres.

Su riqueza en fibra también puede provocar molestos gases, y esto les ha hecho un flaco favor. Si te ocurre puedes evitarlo poniéndolas en remojo la noche anterior, rompiendo el hervor mientras las cocinas y añadiéndoles hierbas aromáticas como el comino, el anís estrellado, el tomillo o el hinojo.

EL HUEVO, UN ALIMENTO MUY COMPLETO

La calidad de las proteínas que aporta el huevo es muy destacable. Además, la mayor parte de sus grasas son de las "buenas", de tipo insaturado. También contiene vitaminas y minerales. Por todo ello se recomienda tomar hasta cuatro huevos a la semana.

Sabías que...

Los huevos de codorniz tienen menos grasas y más proteínas y hierro que los de gallina. Una buena forma de tomarlos es añadirlos, cocidos y partidos por la mitad, a tus ensaladas.

La receta

Ensalada fría **con lentejas y vieiras**

Abre las vieiras con la punta de un cuchillo sin dañar la carne y pásalas por agua para eliminar los restos de arenilla de su interior. Dóralas entonces en una sartén con unas gotas de aceite y reserva.

Saltea los ajos picados, las zanahorias, los pimientos y los pepinos troceados a dados. Cuando cojan color incorpora un buen chorro de vinagre y otro chorrito de aceite.

Abre el bote de lentejas y enjuágalas con agua fría. Deja que escurran bien y viértelas en un bol ancho o una ensaladera. Incorpora las cebolletas crudas picadas y las verduras que has salteado hace un momento.

Añade las vieiras enteras por encima y decora con unas láminas de pimiento rojo asado y cebollino (tanto picado como en ramitas enteras).

INGREDIENTES

- 1 bote de lentejas
- 2 cebolletas
- 4 vieiras
- 2 zanahorias
- 2 pepinos
- 2 pimientos rojos
- Cebollino
- 2 dientes de ajo
- Vinagre de Módena

Tiempo: 15 minutos
Raciones: 4 personas
Dificultad: Media
Nivel calórico: 301 kcal

El truco

Las vieiras, como ocurre con las almejas o las navajas, no deben dejarse demasiado sobre la plancha ya que pierden sabor y se deshidratan.

La receta

Guiso exprés **de judías y garbanzos**

Abre los frascos de judías y garbanzos cocidos, echa las legumbres en un colador y lávalas bajo el grifo con abundante agua fría. Escurre y reserva.

Pela las zanahorias y la cebolla, córtalas a pequeños dados y rehoga en una olla con algo de aceite. Cuando empiecen a estar tiernas agrega una rama de apio y el puerro, que habrás lavado y cortado en tiras finas previamente.

Añade perejil picado y dos vasos de caldo de ave y deja cocer todo durante 10 minutos más. Incorpora las legumbres, sazona con sal y sirve bien caliente.

INGREDIENTES

- 1 bote de judías y 1 de garbanzos cocidos
- 2 zanahorias
- Apio
- 1 cebolla
- 1 puerro
- Caldo de ave
- Perejil
- Aceite de oliva
- Sal

Tiempo: 35 minutos
Raciones: 4 personas
Dificultad: Baja
Nivel calórico: 398 kcal

El truco

Lava las legumbres en conserva antes de cocinarlas. ¿El motivo? Así eliminarás la sal que contienen, que ayuda a que se conserven mejor.

La receta

Alubias y setas **al aroma de ajo y perejil**

Limpia las setas con un paño húmedo y elimina la base terrosa. Pela los ajos, pícalos finamente y fríelos en una sartén antiadherente grande con dos cucharadas de aceite de oliva.

Cuando empiecen a tomar color, sube el fuego al máximo y añade las setas limpias y troceadas. Agrega el perejil picado, saltea unos minutos y sazona.

Incorpora las alubias blancas cocidas y fríe durante 10 minutos más, moviendo la sartén a menudo para que las legumbres no se peguen a la base. Sirve inmediatamente.

INGREDIENTES

- 1 bote de alubias blancas cocidas
- 200 g de setas
- 2 dientes de ajo
- Perejil
- Aceite de oliva
- Sal

Tiempo: 15 minutos
Raciones: 4 personas
Dificultad: Baja
Nivel calórico: 320 kcal

El truco

Es muy importante que no añadas sal a las setas hasta que estén bien hechas. Así evitarás que suelten agua y queden hervidas.

La receta

Guiso de garbanzos **encebollados al jengibre**

Pon los garbanzos en remojo con agua tibia la noche anterior. Hierve la legumbre con sal, laurel y la punta de jamón durante 1 hora, o bien 20 minutos en una olla a presión.

Pocha las cebollas cortadas en láminas finas. Cuando estén tiernas añade la cúrcuma y el jengibre pelado y troceado en daditos. Justo al final de la cocción agrega zumo del limón.

Añade al sofrito los garbanzos escurridos, remueve bien con una cuchara de palo y corrige de sal. Sirve caliente con perejil picado por encima y dos rodajas de limón. Si lo deseas, decora también con unas hojitas de perejil.

INGREDIENTES

- 300 g de garbanzos
- 1 punta de jamón
- 2 cebollas
- 30 g de jengibre
- 1 limón
- Cúrcuma
- Laurel
- Perejil
- Aceite de oliva
- Sal

Tiempo: 60 minutos
Raciones: 4 personas
Dificultad: Baja
Nivel calórico: 348 kcal

El truco

Añadir una pizca de bicarbonato durante la cocción de los garbanzos ayudará a ablandar la piel de la legumbre y quedará más tierna.

La receta Huevos rellenos **a la boloñesa**

Cuece los huevos en agua con sal y vinagre durante 11 minutos, pélalos y resérvalos. Aparte, sofríe en una sartén el ajo, la cebolla y las zanahorias picadas finamente.

Mantén a fuego medio las verduras durante 10 minutos y, a continuación, agrega la carne picada, el laurel y el tomillo. Una vez dorada la carne, añade medio vaso de vino tinto y déjalo hervir 5 minutos.

Pela y trocea los tomates, incorpóralos al sofrito, cuece todo durante 15 minutos y sazona. Parte los huevos por la mitad y separa las yemas. Agrégalas a la salsa boloñesa y mezcla.

Forma bolitas con la masa y rellena los huevos con ellas. Espolvorea por encima con un poco de queso rallado y gratínalos durante 5 minutos al grill. Sírvelos calientes. Decora con unas hojas de mezcla para ensaladas.

INGREDIENTES

- 4 huevos
- 400 g de carne picada
- 1 cebolla
- Ajo
- 2 zanahorias
- Vino tinto
- 5 tomates
- Tomillo y laurel
- Queso rallado
- Hojas de ensalada
- Aceite de oliva
- Sal y vinagre

Tiempo: 40 minutos
Raciones: 4 personas
Dificultad: Baja
Nivel calórico: 398 kcal

El truco

No cuezas más de 12 minutos los huevos. Es el secreto para que la yema quede con un color más intenso, atractivo y apetitoso.

La receta

Rollitos de tortilla, **queso y pavo**

Bate los huevos previamente salpimentados. Calienta un poco de aceite en una sartén antiadherente ancha y cuaja tortillas muy finas (tipo crepe) por ambos lados.

Mezcla el queso de untar con un poco de perejil picado muy fino. Dispón sobre cada crepe una loncha de pavo y una capa de queso con perejil y enróllalas.

Corta los rollitos de tortilla en discos de aproximadamente un dedo de grosor y ensártalos en una brocheta. Sirve sobre un lecho de canónigos con un chorrito de aceite.

INGREDIENTES

- 6 huevos
- 4 lonchas de pechuga de pavo cocida
- 1 tarrina de queso fresco ligero para untar
- 150 g de canónigos
- Perejil
- Aceite de oliva
- Sal
- Pimienta

Tiempo: 25 minutos
Raciones: 4 personas
Dificultad: Baja
Nivel calórico: 250 kcal

El truco

Esta receta admite muchos tipos de relleno: quesos más intensos como el roquefort, champiñones laminados, jamón ibérico, atún...

La receta

Molde tricolor con **huevos a la plancha**

Lava y corta las judías en tiras. Hierve 10 minutos, escurre y refresca bajo un chorro de agua.

Cuece el puerro y las patatas troceados, pelados y lavados hasta que estén tiernos. Escurre, pasa por el pasapurés y adereza con perejil picado, aceite, pimienta y sal. Reserva.

Cocina los huevos a la plancha y, cuando estén bien cuajados, retira del fuego y reserva.

Dentro de un molde circular pon una capa de judías, una de puré de patata, otra de pimientos asados y corona con un huevo. Acompaña con unas cuantas judías y pimientos.

INGREDIENTES

- 2 pimientos rojos asados
- 400 g de judías verdes
- 4 patatas grandes
- 1 puerro
- 4 huevos
- Perejil
- Aceite de oliva
- Sal
- Pimienta blanca molida

Tiempo: 30 minutos
Raciones: 4 personas
Dificultad: Baja
Nivel calórico: 388 kcal

El truco

Para evitar que los huevos se adhieran a la plancha, puedes cocinarlos con cuidado sobre un trozo de papel de horno colocado sobre la propia plancha.

La receta

Tortilla de la huerta **con espárragos**

En un bol grande, bate los huevos, la nata líquida, el cebollino picado, pimienta blanca molida y una pizca de sal. Reserva.

Lava los espárragos, córtales parte del tallo (no más de 3 centímetros) y pela el resto para retirar las hebras.

Sofríe 4 dientes de ajo pelados y picados finamente y cuando empiecen a dorarse incorpora los espárragos troceados, las patatas peladas y cortadas en láminas y la cebolleta picada.

Mantén a fuego medio 10 minutos. Después mezcla todos los ingredientes con el revuelto de huevos y cebollino.

En una sartén mediana con aceite, cuaja la mezcla hasta obtener la tortilla. Córtala en porciones individuales y decora con unas puntas de espárragos.

INGREDIENTES

- 6 huevos
- 1 manojo de espárragos verdes
- 2 patatas
- 1 cebolleta
- 4 dientes de ajo
- 1 manojo de cebollino
- 3 cucharadas de nata líquida
- Aceite de oliva
- Sal
- Pimienta blanca molida

Tiempo: 30 minutos
Raciones: 4 personas
Dificultad: Baja
Nivel calórico: 336 kcal

El truco

Si utilizas un poco de nata líquida o de leche en la preparación de las tortillas quedarán más jugosas y esponjosas.

Carnes, tómalas con mesura

Los españoles tomamos más carne de la cuenta, según datos recientes. A la plancha, en guisos, en forma de embutidos y fiambres... cuéntalo todo y seguramente superarás las 3 o 4 raciones recomendadas a la semana

La carne es una fuente importante de proteínas de alto valor biológico, de vitamina B12, hierro, potasio, fósforo y zinc, afirman desde la Sociedad Española de Nutrición Comunitaria (SENC). Pero no debemos olvidar que también aporta grasas saturadas, cuyo consumo excesivo aumenta el riesgo cardiovascular y se relaciona con el desarrollo de otras enfermedades como el cáncer o la diabetes.

LA CLAVE: ELEGIR CORTES MAGROS

¿Qué carnes son las más recomendables? Aunque el corte también es importante, las blancas suelen contener menos grasas que las de color rojizo e intenso. Puedes escoger entre...

- **Pollo.** Su carne es ligera, sabrosa y muy versátil en la cocina. Cómetela sin piel si quieres reducir al máximo su aporte de grasas y colesterol.
- **Pavo.** Es muy nutritiva y fácil de digerir, lo que hace que cada vez esté más presente en nuestros menús. La pechuga es más ligera que el muslo, pero este último aporta hasta del doble de hierro.
- **Conejo.** Poco valorado en otros países, en España es una de las carnes estrella. Es la que menos grasa aporta y, además, es rica en potasio y pobre en sodio. Esto la hace especialmente recomendable para el control de la tensión arterial.
- **Cerdo.** Su contenido en grasas depende mucho de la pieza que vayas a cocinar. Opta por el solomillo y la cinta de lomo, las partes más magras. Si el cerdo es ibérico, además, obtendrás grasa cardiosaludable, como ocurre con el jamón ibérico.
- **Ternera y cordero.** Son calóricas pero también muy ricas en hierro. No abuses de ellas y, antes de cocinarlas, quítales la grasa visible.

Sabías que...

La Fundación Dieta Mediterránea recomienda comer, como mucho, una ración de carne roja a la semana. La procesada (embutidos, salchichas, beicon...) debe tomarse esporádicamente.

La receta

Pollo sabroso **en escabeche**

Salpimienta las porciones de pollo, rebózalas en harina y fríelas en una sartén con aceite. Una vez doradas, colócalas sobre una rejilla y reserva.

Parte la cebolla en rodajas y haz un corte en los ajos. Sofríelos en el mismo aceite que el pollo con el laurel, el orégano, los granos de pimienta y los clavos durante aproximadamente 8 minutos, a fuego medio.

Incorpora el vinagre y el vino blanco, vuelve a añadir el pollo, remueve con una cuchara de madera y deja cocer, tapado, durante 30 minutos más. Sirve caliente o templado.

INGREDIENTES

- 1 pollo troceado
- 2 cebollas rojas
- 2 hojas de laurel
- 1 vaso de vino blanco
- 1 vaso de vinagre
- Orégano
- 2 dientes de ajo
- 6 granos de pimienta
- 6 clavos de olor
- Harina
- Aceite de oliva
- Sal

Tiempo: 60 minutos
Raciones: 4 personas
Dificultad: Baja
Nivel calórico: 418 kcal

El truco

El escabeche se usa desde hace siglos para conservar carnes y pescados. Queda más sabroso si el plato se prepara el día antes y se deja reposar en la nevera.

La receta

Carne magra de ternera **en brocheta tricolor**

Lava el estragón, el cebollino y el perejil y sécalos bien. Pica bien las hierbas y mézclalas con 4 cucharadas de aceite, sal, pimienta y deja reposar para que tome sabor.

Trocea la ternera en porciones pequeñas. Corta en dados el pimiento. Monta las brochetas alternando la carne con el pimiento y los tomates cherry.

Dóralas en una plancha bien caliente por todos los lados. Coloca las brochetas en el plato y riégalas suavemente con el aliño de finas hierbas ya reposado.

INGREDIENTES

- 700 g de ternera blanca
- 1 pimiento verde
- 12 tomates cherry
- 2 ramitas de estragón
- 2 ramitas de perejil
- 4 tallos de cebollino
- Aceite de oliva
- Sal
- Pimienta

Tiempo: 30 minutos
Raciones: 4 personas
Dificultad: Baja
Nivel calórico: 389 kcal

El truco

Es importante seleccionar partes muy tiernas de la ternera para elaborar este tipo de brochetas, debido a que su cocinado será breve.

La receta

Hamburguesa de cerdo **con verduras**

Mezcla la carne picada con el pan humedecido, el cebollino picado y la cebolla troceada en dados pequeños o medianos. Salpimienta y amasa.

Lava, pela y pica las otras verduras. Saltéalas con algo de aceite hasta que queden doradas y tiernas. Sala.

Agrega las verduras a la carne. Amasa bien, forma hamburguesas y dóralas en la plancha por ambos lados.

Sirve las hamburguesas acompañadas de lechugas variadas y un poco de tomate aliñados con un chorrito de aceite. También puedes acompañar el plato con una cucharadita de mostaza de Dijon en grano.

INGREDIENTES

- 700 g de carne picada de cerdo
- ½ cebolla
- 20 g de pan
- 2 zanahorias
- Apio
- 200 g de pimiento
- Cebollino
- Aceite de oliva
- Sal
- Pimienta

Tiempo: 35 minutos
Raciones: 4 personas
Dificultad: Baja
Nivel calórico: 405 kcal

El truco

Si acompañas esta receta de unos champiñones a la plancha aumentarás su potencial diurético. Incluso puedes trocearlos y mezclarlos con la carne.

La receta

Pavo a la plancha **con manzana**

Sazona los filetes de pavo y pásalos por la sartén "vuelta y vuelta" con una pizca de aceite. Retira del fuego y reserva. Después dora la manzana cortada en láminas finas.

Pocha las chalotas picadas con una pizca de pimienta negra. Una vez tiernas, añade el vino de Jerez y cuece durante 5 minutos. Vierte la nata, sazona y deja reducir la salsa.

Sirve las pechugas de pavo junto con los chips de manzana y salsea. Si lo prefieres, puedes pasar por la batidora la salsa para que la textura quede bien fina.

INGREDIENTES

- 4 filetes de pavo
- 2 manzanas golden
- 4 chalotas
- 1 vaso de Jerez dulce
- 1 vaso de nata
- Aceite de oliva
- Sal
- Pimienta negra

Tiempo: 35 minutos
Raciones: 4 personas
Dificultad: Baja
Nivel calórico: 252 kcal

El truco

Las guarniciones a base de frutas o verduras son muy versátiles. Además de manzana, puedes preparar chips de pera, calabacín, alcachofa...

La receta

Estofado de ternera **y zanahorias**

Sofríe las cebollitas enteras y el puerro picado. Cuando cojan color añade las zanahorias y las berenjenas peladas y cortadas. Mantén a fuego medio durante 10 minutos.

Sazona y enharina la carne de ternera troceada. Incorpórala al sofrito anterior y déjala que se dore a fuego fuerte.

Riega con la cerveza y un vaso de agua y cuece todos los ingredientes hasta que la carne esté tierna. Decora con unas ramitas de tomillo y sirve bien caliente.

INGREDIENTES

- 700 g de ternera
- 12 cebollitas
- 2 berenjenas
- 6 zanahorias
- 1 puerro
- 1 vaso de cerveza
- Tomillo
- Harina
- Aceite de oliva
- Sal

Tiempo: 45 minutos
Raciones: 4 personas
Dificultad: Baja
Nivel calórico: 441 kcal

El truco

Para que la ternera quede más tierna puedes sumergirla en una mezcla de vinagre y aceite (a partes iguales) 2 horas antes de prepararla.

La receta

Pollo al microondas **con pasta fresca**

Con la ayuda del mortero, machaca el ajo con la menta, una cucharadita de pimentón, una pizca de pimienta negra y un chorrito de aceite de oliva.

Pinta las pechugas con la mezcla de pimentón y envuélvelas con papel film transparente. Introduce en el microondas 8 minutos a potencia media, retira el papel y reserva.

En otro recipiente, hierve la pasta en agua con sal durante 5 minutos y retira del fuego. Sirve el pollo acompañado de la pasta y decora con una hoja de menta.

INGREDIENTES

- 4 pechugas de pollo
- 200 g de tallarines frescos de dos colores
- 2 dientes de ajo
- 1 ramillete de menta
- Pimentón dulce
- Pimienta negra
- Aceite de oliva

Tiempo: 15 minutos
Raciones: 4 personas
Dificultad: Baja
Nivel calórico: 372 kcal

El truco

Si cocinas el pollo en el microondas envuelto en papel film transparente conservará todos sus nutrientes y quedará más tierno y jugoso.

La receta

Conejo a la plancha **con hierbas aromáticas**

Limpia bien el conejo (eliminando vísceras y cabeza), trocéalo en varias porciones y sazona. Dora las piezas hasta que estén tiernas y reserva.

Sofríe las verduras peladas y cortadas en dados. Cuando cojan color añade las hierbas aromáticas, las especias, el vinagre, el vino y sal. Cocina 12 minutos a fuego fuerte.

Sumerge el conejo en el escabeche. Hierve 5 minutos y ve añadiendo agua si resultase poco líquido. Retira del fuego.

Decora con unas cuantas hojas de perejil y unos tomatitos cherry. Sirve caliente.

INGREDIENTES

- 1 conejo entero
- 1 cebolla y 1 puerro
- 2 zanahorias
- 1 rama de apio
- Pimienta y clavo en grano
- Laurel, tomillo y perejil
- 1 vaso de vinagre
- 1 vaso de vino blanco
- Aceite de oliva
- Tomatitos cherry
- Sal

Tiempo: 45 minutos
Raciones: 4 personas
Dificultad: Baja
Nivel calórico: 401 kcal

El truco

Deja macerar durante algunas horas el conejo en el escabeche para potenciar más su sabor.

La receta

Solomillo a la naranja **con alcachofas**

Corta los solomillos en filetes delgados y dóralos ligeramente por ambos lados en una sartén con aceite. Reserva. Pocha las cebolletas picadas.

Agrega la ralladura de las naranjas y una pizca de harina. Sofríe e incorpora un vaso de vino y otro de caldo. Sazona y deja reducir la salsa 5 minutos.

Limpia las alcachofas y córtalas a cuartos. Dóralas hasta que estén tiernas. Incorpora a la salsa anterior el solomillo y las alcachofas. Mantén a fuego lento 2 minutos y sirve.

INGREDIENTES

- 2 solomillos de cerdo
- 2 cebolletas
- 3 naranjas
- Vino de Jerez dulce
- Caldo de ave
- 4 alcachofas
- Harina
- Aceite de oliva
- Sal

Tiempo: 40 minutos
Raciones: 4 personas
Dificultad: Baja
Nivel calórico: 398 kcal

El truco

Para evitar la oxidación de las alcachofas, puedes rociarlas antes con un poco de zumo de limón o sumergirlas en un recipiente con agua y perejil.

Sabor a mar en tus recetas

Pescados y mariscos son un verdadero placer para los sentidos y hay pocas personas que se resistan a ellos. Incorpóralos a tus menús de cada día si no sueles cocinarlos: tu corazón te lo agradecerá

El consumo recomendado de pescados y mariscos es de entre 3 y 4 raciones a la semana. Una cifra que cumplimos según la Agencia Española de Seguridad Alimentaria y Nutrición (AESAN). En concreto, nuestra media de consumo es de 3,8 raciones por semana.

ÁCIDOS GRASOS... Y MUCHO MÁS

No es de extrañar que la popularidad y el consumo de pescado vaya en aumento. Cada vez son más los estudios que ratifican sus propiedades saludables.

Uno de los más recientes, publicado en el *British Medical Journal*, sostiene que tomar una o dos raciones de pescado azul a la semana reduce las posibilidades de desarrollar cáncer de mama. Este beneficio se debe a su riqueza en ácidos grasos omega 3, que además protegen la salud del corazón.

El pescado blanco también aporta este tipo de grasa, aunque en menor cantidad, lo que lo hace más ligero. Otro informe, esta vez difundido por *The American Journal of Clinical Nutrition*, sugiere además que las mujeres que comen pescado blanco habitualmente disminuyen el riesgo de sufrir un ictus.

Además de sus saludables ácidos grasos, pescados y mariscos son buena fuente de vitamina D y de minerales (yodo, zinc, potasio, hierro, magnesio...).

CÓMO DIFERENCIARLOS

Para saber si un pescado es azul o es blanco fijarse en su cola puede ayudarte.

- **Azul.** Sardinas, caballas y boquerones tienen la cola en forma de flecha (aunque no el salmón).
- **Blanco.** El borde de la cola de merluzas, rapes, lenguados, bacalaos y rodaballos es recto.

Sabías que...

España es el segundo país del mundo con más intoxicaciones por anisakis, sostiene la Fundación Española del Aparato Digestivo (FEAD). Para evitarlo basta con congelar el pescado al menos durante 48 horas.

La receta

Carpaccio refrescante **de langostinos y aguacate**

Pela los langostinos y córtalos en capas. Repártelos sobre una bandeja y sazona con sal gorda, orégano, aceite y el zumo de medio limón. Deja macerar durante 30 minutos.

En un plato hondo mezcla la carne del aguacate con el tomate pelado y picado, el cilantro y el zumo del medio limón restante. Machaca con un tenedor hasta obtener una crema.

Presenta el carpaccio alternando láminas de langostino y guacamole encima de cucharas individuales para tapas. Decora con hojitas de eneldo y una picada de pimiento. Dispón tres cucharas en cada plato.

INGREDIENTES

- 400 g de langostinos frescos
- Orégano seco
- 1 aguacate
- 1 limón
- 1 tomate
- 1 pimiento rojo
- Cilantro
- Eneldo
- Sal gorda
- Aceite de oliva

Tiempo: 60 minutos
Raciones: 4 personas
Dificultad: Baja
Nivel calórico: 264 kcal

El truco

Si te sobra aguacate abierto y quieres conservarlo, "píntalo" con aceite y envuélvelo con papel film para evitar que la oxidación lo ennegrezca.

La receta

Pastel de bacalao **y merluza con pimientos**

Pela y pica finamente las cebollas y los puerros. Rehógalos en un recipiente con aceite hasta que queden tiernos.

Incorpora el pescado limpio de espinas y cocina 10 minutos a fuego medio. Agrega la salsa de tomate y sazona con sal y orégano. Retira del fuego y tritura con los huevos y la leche.

Rellena un molde rectangular con la mezcla obtenida y hornea al baño María durante 35 minutos a 180° C. Corta en porciones y sirve acompañado del pimiento, las aceitunas y unas hojitas de perejil.

INGREDIENTES

- 500 g de merluza
- 3 filetes de bacalao fresco
- 2 cebollas
- 2 puerros
- 2 vasos de leche
- 4 huevos
- Salsa de tomate
- 1 pimiento rojo asado
- Aceitunas
- Perejil
- Orégano
- Sal y aceite de oliva

Tiempo: 60 minutos
Raciones: 4 personas
Dificultad: Media
Nivel calórico: 450 kcal

El truco

Prepara el plato unas cuantas horas antes para que repose el pastel y coja más cuerpo. También puedes servirlo en forma de pincho sobre tostadas de pan.

La receta

Almejas en **salsa verde**

Lava bien las almejas y déjalas escurrir en un colador. Pela los dientes de ajo y córtalos en láminas. Lava el perejil, sécalo y córtalo con unas tijeras de cocina.

Calienta en una sartén un poco de aceite de oliva y dora las láminas de ajo. Añade las almejas y el vino blanco y sube la intensidad del fuego.

Cuando empiecen a abrirse las almejas, agrega la maicena diluida en agua fría. Sazona con sal y pimienta e incorpora el perejil. Remueve y sigue la cocción hasta que ligue la salsa.

INGREDIENTES

- 700 g de almejas
- 3 dientes de ajo
- 1 vaso de vino blanco
- 1 cucharada de maicena
- Perejil
- Aceite de oliva
- Sal
- Pimienta

Tiempo: 30 minutos
Raciones: 4 personas
Dificultad: Baja
Nivel calórico: 278 kcal

El truco

Para no encontrar arena en las almejas, déjalas en remojo con abundante agua fría y sal durante 2 horas antes de preparar la receta.

La receta

Pulpo con lecho de **patata al vino tinto**

Lava el pulpo y limpia el interior. Colócalo en una bandeja de horno con el vino tinto, un poco de aceite, las hojas de laurel, pimienta en grano y sal. Cubre con la cebolla pelada y cortada en juliana y hornea a 200° C durante 45 minutos.

Cuece las patatas sin pelar en una olla con abundante agua y una pizca de sal durante 30 minutos. Cuando estén tiernas déjalas enfriar, retira la piel y córtalas en rodajas.

Monta los platos colocando una capa de patata que cubra totalmente la base. A continuación dispón el pulpo troceado con la cebolla y las hojas de laurel y vierte un poco de aceite en crudo por encima.

INGREDIENTES

- 1 pulpo mediano
- 4 patatas medianas
- 3 cebollas rojas
- 1/2 vaso de vino tinto
- 3 hojas de laurel
- Aceite de oliva
- Sal
- Pimienta en grano

Tiempo: 40 minutos
Raciones: 4 personas
Dificultad: Baja
Nivel calórico: 290 kcal

El truco

Ten en cuenta que, si lo haces en el horno, el tiempo medio de cocción del pulpo es de una hora aproximadamente por cada kilo de peso.

La receta

Sepias al pesto **con tomates**

Limpia las sepias quitando todo su interior y retirando la parte de la cabeza. Sécalas bien con papel de cocina y reserva.

Dispón en una jarra de batidora 2 cucharadas de aceite de oliva, la albahaca, el perejil, el ajo pelado y los piñones. Tritura hasta obtener una pasta espesa.

Pon un poquito de aceite en una sartén y, cuando esté bien caliente, incorpora las sepias en ella. Procura que queden bien hechas por ambos lados.

Agrega los tomates cherry cuando la sepia esté algo dorada. Rehógalos un par de minutos, añade el pesto y saltea un minuto más para que la sepia coja todo el sabor.

Sazona con sal y pimienta. Sirve caliente en un plato hondo y decora con una ramita de albahaca fresca.

INGREDIENTES

- 12 sepias pequeñas
- 20 tomates cherry
- 1 manojo de albahaca
- 1 diente de ajo
- 1 ramillete de perejil
- 20 g de piñones
- Aceite de oliva
- Una pizca de sal
- Pimienta

Tiempo: 30 minutos
Raciones: 4 personas
Dificultad: Baja
Nivel calórico: 300 kcal

El truco

Si añades un chorrito de brandy a la sartén al incorporar los tomates cherry, la sepia quedará más tierna y sabrosa.

La receta

Albóndigas de mar, **alcaparras y guisantes**

Limpia el salmón y el gallo retirando su espina y su piel. Corta el pescado en dados y mézclalos en un recipiente con el huevo batido, las alcaparras y el puré de patata.

Amasa bien hasta que la mezcla esté compacta. Añade una pizca de sal y forma las albóndigas usando un poco de harina. Colócalas en una bandeja y hornéalas 8 minutos a 180° C.

Rehoga la cebolla y el puerro picados en una olla con aceite, riega con el vino y sazona. Cuece 15 minutos a fuego medio y agrega las albóndigas y los guisantes. Da un hervor y sirve.

INGREDIENTES

- 600 g de pescado (salmón y gallo)
- 20 g de alcaparras
- 1 cebolla
- 20 g de puré de patata
- 1 puerro
- 1 huevo
- 1 vaso de vino blanco
- 200 g de guisantes
- Harina
- Aceite de oliva y sal

Tiempo: 60 minutos
Raciones: 4 personas
Dificultad: Media
Nivel calórico: 376 kcal

El truco

Si quieres que el plato quede más jugoso puedes añadir 4 tomates picados a la cebolla y el puerro, triturar la salsa y agregar las albóndigas y los guisantes.

La receta

Salteado de rape **y champiñones**

Trocea los medallones de rape y sazona con una pizca de sal y orégano. Dora el pescado en una sartén con un chorrito de aceite de oliva bien caliente. Retira del fuego y reserva.

Saltea la cebolla y las judías verdes cortadas en tiras finas en la misma sartén en la que has cocinado el rape. Una vez tiernas, añade los champiñones lavados y cortados en láminas.

Riega con el vino blanco y cocina durante 6 minutos aproximadamente. Coloca en cada plato una base de judías, cebolla y champiñones, agrega el rape troceado y mezcla.

INGREDIENTES

- 4 medallones de rape
- 500 g de champiñones
- 1 cebolla
- 300 g de judías verdes
- Vino blanco
- Orégano
- Aceite de oliva
- Sal

Tiempo: 35 minutos
Raciones: 4 personas
Dificultad: Baja
Nivel calórico: 245 kcal

El truco

Para evitar que los champiñones queden secos y pierdan propiedades nutritivas añádelos cuando el resto de verduras estén casi hechas.

La receta

Supremas de salmón **a la mostaza**

Compra las supremas limpias. Reparte el salmón sobre una bandeja engrasada con aceite y pinta cada suprema con una cucharadita de mostaza. Luego riega con el vino blanco y hornea 8 minutos a 180° C.

Rehoga el puerro. Cuando esté tierno añade una cucharada de harina y el jugo del asado. Cuece 4 minutos para acabar de evaporar el alcohol y añade la leche. Sazona, tritura con la batidora, cuela y reserva.

Lava y corta los tomates a cuartos. Corta en dados las zanahorias y las cebollas, previamente peladas. A continuación, saltea todos los ingredientes hasta que queden algo dorados.

Sirve el salmón bien caliente. Acompaña con la salsa y decora con las verduritas. Si quieres dar más color, coloca unas ramitas de cebollino por encima.

INGREDIENTES

- 4 supremas de salmón
- 300 g de tomates
- 300 g de zanahorias
- 1/2 vaso de vino blanco
- 2 vasos de leche
- 1 puerro
- 4 cebollas
- Mostaza
- Harina
- Aceite de oliva
- Sal

Tiempo: 30 minutos
Raciones: 4 personas
Dificultad: Baja
Nivel calórico: 396 kcal

El truco

No te excedas en el tiempo de asado de las supremas de salmón: se pueden deshidratar y quedar secas o muy fibrosas.

La receta

Calamares rellenos **con arroz y huevo**

Limpia los calamares, retirando las tripas internas y la bolsa de tinta. Reserva los tentáculos y las aletas.

Dora el ajo picado y añade las cebollas, las aletas y los tentáculos de los calamares picados, el arroz, agua y sal. Cocina 15 minutos y agrega los huevos cocidos y troceados.

Rellena los calamares con la mezcla y cierra con un palillo. Sazónalos, enharínalos y dóralos. Pasados un par de minutos, añade un vaso de vino, 5 tazas de caldo y el tomate triturado. Cuece hasta que estén tiernos y decora con perejil.

INGREDIENTES

- 8 calamares
- Caldo de verduras
- 3 huevos
- Vino blanco
- 2 tazas de arroz
- Harina
- 2 cebollas
- 1 diente de ajo
- 200 g de tomate triturado
- Aceite de oliva
- Sal

Tiempo: 40 minutos
Raciones: 4 personas
Dificultad: Media
Nivel calórico: 365 kcal

El truco

Si giras los calamares al revés (como si fueran un calcetín) y los rellenas, se cerrarán solos cuando los rehogues y no hará falta emplear un palillo.

Postres muy apetitosos

Disfrutar de un buen postre no tiene por qué ser sinónimo de propuestas hipercalóricas y poco saludables. La fruta puede convertirse en el ingrediente principal para dar un sorprendente toque final a tus menús

Un saludable cóctel de vitaminas, agua, fibra, azúcares naturales y sustancias antioxidantes: así podríamos resumir la composición nutricional de las frutas, un alimento tan saludable que se recomienda tomar, como mínimo, tres piezas al día (procura que una de ellas sea un cítrico).

Pero lo cierto es que la mayoría de españoles no cumplen con esta recomendación. Para aumentar tu consumo de frutas puedes probar estrategias como las que te mostramos a continuación:

- **Por la mañana, un zumo.** De naranja o con otras frutas, prepara un zumo natural y bebételo en el desayuno o a media mañana. Ten en cuenta, eso sí, que al licuar la fruta su contenido en fibra se reduce.
- **También en los cereales.** Añade frutas troceadas a tus cereales de desayuno y a los yogures naturales. Estarán riquísimos.
- **Ensaladas más originales.** Fresas, manzanas, peras, melocotones, granadas... pueden aportar color, textura y sabor a tus ensaladas. La manzana, por ejemplo, queda muy bien en una ensalada de espinacas frescas y queso, y las fresas aportan un toque refrescante y ligeramente ácido.
- **Por la tarde, un batido.** Prepáralo con una pieza de fruta bien madura y un poco de leche desnatada. Es una buena merienda que contribuirá a mantenerte con energías hasta la hora de cenar.

LA HORA DEL POSTRE

Es otro de los momentos ideales para comer fruta. No te limites a tomar una pieza al natural. Como verás a continuación, puedes preparar postres saludables y ligeros que, seguro, te ayudarán a ti y a tu familia a comer cada vez más fruta.

Sabías que...

Seis de cada diez españoles reconoce que la fruta no forma parte de su dieta a diario, según datos del Ministerio de Sanidad. De media, tomamos 208 gramos al día, lo que equivale a menos de tres piezas.

La receta

Sorbete dulce **de melón y moras**

Pela el melón. A continuación retira bien todas las pepitas y trocea en dados pequeños o medianos.

Mezcla la carne de la fruta con las hojas de menta, la vainilla y el azúcar en la jarra de la batidora. Tritura hasta obtener una salsa bien homogénea.

Bate también los yogures, pero por separado. Poco a poco, ve mezclándolos con la crema de melón.

Reparte en vasos. Déjalos un rato en el congelador antes de servir. Decora con unas moras y un poco de menta.

INGREDIENTES

- 1 melón maduro
- 4 yogures desnatados
- 2 hojas de menta fresca
- 40 g de moras
- 20 g de azúcar
- Vainilla en polvo

Tiempo: 25 minutos
Raciones: 4 personas
Dificultad: Baja
Nivel calórico: 180 kcal

El truco

Escoge los melones muy maduros para lograr una crema de sabor más dulce y suave. Puedes servirla con un poco de hielo picado dentro.

La receta

Flan de gelatina **con frutas variadas**

Pela la pera y la manzana, lávalas e introdúcelas en una olla con agua hirviendo. Cuece 10 minutos junto al plátano, cuela y deja que la fruta se enfríe a temperatura ambiente.

Trocea la manzana, la pera y el plátano en dados. Reserva. Diluye la gelatina en medio litro de agua y cuece 10 minutos con el azúcar. Reparte el líquido en las flaneras.

Añade a la gelatina la fruta troceada y las grosellas. Enfría en la nevera y, una vez solidificado, desmolda y sirve el flan en platos. Decora con unas hojas de menta fresca.

INGREDIENTES

- 1 manzana
- 1 pera
- 1 plátano
- 50 g de grosellas
- 20 g de gelatina neutra
- 60 g de azúcar
- Unas hojas de menta

Tiempo: 60 minutos
Raciones: 4 personas
Dificultad: Media
Nivel calórico: 212 kcal

El truco

Puedes preparar este postre usando 3 hojas de gelatina en láminas, en vez de en polvo. También deberás diluirlas en agua y cocerlas durante 10 minutos.

La receta

Brochetas de fresas **al chocolate negro**

Lava los fresones bajo el chorro de agua del grifo, sécalos con papel absorbente y retira los rabitos con la punta de un cuchillo afilado. Limpia las hojitas de menta y sécalas bien.

Dispón el chocolate troceado y la mantequilla en un recipiente y caliéntalo al baño María hasta que se funda y obtengas una salsa homogénea.

Sumerge cada fresón hasta la mitad en el chocolate fundido y déjalo sobre una rejilla hasta que endurezca. Ensarta la fruta en las brochetas alternándola con hojas de menta.

INGREDIENTES

- 16 fresones
- 150 g de chocolate negro para fundir
- 20 g de mantequilla
- 1 ramillete de menta

Tiempo: 25 minutos
Raciones: 4 personas
Dificultad: Baja
Nivel calórico: 180 kcal

El truco

Cuando fundas el chocolate al baño María no llenes demasiado el cazo de agua. De lo contrario el líquido entraría en el recipiente del chocolate y podría cortarlo.

La receta

Timbal multicolor con **sandía, kiwi y melón**

Retira la piel de la sandía, el melón y los kiwis. Corta todas las frutas en láminas muy finas y resérvalas por separado para que no se mezclen los jugos.

En un cazo, hierve un vaso de agua, la piel del limón, los granos de anís estrellado y el azúcar a fuego medio durante 10 minutos aproximadamente. Reserva este almíbar.

Con la ayuda de un molde circular monta el timbal colocando una capa de sandía, una de kiwi y otra de sandía. Corona con una doble capa de melón y salsea con el almíbar.

INGREDIENTES

- Media sandía sin pepitas
- 4 kiwis
- 1 melón cantalupo
- 3 granos de anís estrellado
- 50 g de azúcar
- 1 limón

Tiempo: 25 minutos
Raciones: 4 personas
Dificultad: Baja
Nivel calórico: 188 kcal

El truco

Si quieres que el postre quede dulce es muy importante que la fruta que escojas esté bien madura. Y si lo coronas con canela en rama, intensificarás el sabor.

La receta

Peras al vapor con **aroma de yogur**

Pela las peras sin quitarles el rabillo. Macéralas en un bol durante 10 minutos con el azúcar, el licor y el anís. Remueve de vez en cuando para que tomen más sabor.

Corta cuatro trozos de papel de cocina antigraso. Envuelve una pera en cada porción de papel y ciérralos. Mete los papillotes en el microondas 5 minutos a potencia media.

Retira el papel de las peras y sirve la fruta caliente en un bol, acompañada por unas bolas de helado de yogur. Si quieres, puedes añadir una hojitas de menta y un poco de coco rallado, para sumar a este postre ya apetitoso de por sí un sorprendente contraste de texturas y colores.

INGREDIENTES

- 4 peras conferencia
- 10 g de anís en grano
- 60 g de azúcar
- 1/2 vaso de licor de naranja
- 300 g de helado de yogur

Tiempo: 30 minutos
Raciones: 4 personas
Dificultad: Baja
Nivel calórico: 333 kcal

El truco

Si no tienes peras a mano o no es un ingrediente que guste a toda la familia, puedes elaborar este plato con otras frutas como manzana, plátanos o fresas.

La receta

Compota natural **de ciruelas rojas**

Lava y pela las ciruelas. Córtalas por la mitad con un cuchillo de sierra fina y retira el hueso central.

Exprime la naranja y el limón y mezcla los zumos de ambas frutas en un cazo con el azúcar y la canela. Introduce las ciruelas y sazona con una pizca de sal.

Cuece a fuego medio hasta que la carne de las ciruelas se deshaga completamente (unos 12 minutos aproximadamente). Deja enfriar la compota, retira la rama de canela y pásala por el pasapurés. Sirve en vasos bajos con la canela.

INGREDIENTES

- 10 ciruelas
- 100 g de azúcar
- 1 rama de canela
- 1 naranja
- 1 limón
- Sal

Tiempo: 30 minutos
Raciones: 4 personas
Dificultad: Baja
Nivel calórico: 174 kcal

El truco

Siguiendo esta misma técnica de cocinado, puedes combinar diferentes tipos de frutas a la vez y obtener así compotas muy sabrosas.

La receta

Manzana ácida **al té verde con canela**

Prepara una infusión con el té, la menta y la canela en rama. Endulza con el azúcar moreno y deja reposar.

Pela las manzanas y, con ayuda de una cucharilla vaciadora, extrae bolitas de la fruta. Rocíalas con zumo de limón para evitar que se oxiden y ennegrezcan.

Sumerge las bolitas de manzana en la infusión templada. Deja macerar 10 minutos aproximadamente y repártelas en cuatro platos. Espolvorea canela en polvo por encima y acompaña con una ramita de menta.

INGREDIENTES

- 4 manzanas
- 2 sobres de té verde
- Canela en rama y en polvo
- 50 g de azúcar moreno
- 1 limón
- 4 ramitas de menta

Tiempo: 25 minutos
Raciones: 4 personas
Dificultad: Baja
Nivel calórico: 95 kcal

El truco

A la hora de preparar este plato, es importante que selecciones las manzanas de carne firme y tersa. Así evitarás que las bolitas se rompan o se deshagan.

La receta

Copa de frutas **al aroma de vainilla**

Pon a hervir dos vasos de agua junto con la vainilla y el azúcar. Deja cocer hasta que el almíbar se reduzca a la mitad.

Abre la vaina de vainilla y extrae las semillas de su interior. Resérvalas. Aparte, lava y pela las frutas, córtalas en dados e introdúcelos en un bol.

Incorpora en el recipiente las semillas de vainilla que has reservado y deja macerar en la nevera durante 5 minutos.

Sirve en vasos amplios o copas de postre individuales y riega con el almíbar frío. Decora con unas hojas de menta.

INGREDIENTES

- 1 manzana
- 1 naranja
- 2 peras
- 1 mango
- 1 kiwi
- 1 vaina de vainilla
- 70 g de azúcar
- Menta

Tiempo: 20 minutos
Raciones: 4 personas
Dificultad: Baja
Nivel calórico: 148 kcal

El truco

Si deseas una salsa más espesa, mezcla una yema de huevo y una pizca de maicena disuelta en agua con la vaina de vainilla. Cuece al baño María y deja enfriar.